中学生素描技巧入门

石膏切面像

陈戈弋　刘晓晶　著

金盾出版社

内容提要

本书对切面像的基础知识进行了详细介绍，包括构图应注意的问题、怎样用线、透视基本规则以及作画步骤，并列举了部分优秀作品。作者结合步骤图对作画方法进行讲解，考虑到切面像步骤图的学习规律，本书循序渐进地从简单到复杂依次分析，详解的切面像涉及到五官切面（眼、鼻、口、耳）、贝多芬切面像、阿古利巴切面像、亚历山大切面像、农民切面像及中国人切面像，涵盖内容比较丰富，方便学生研究和临摹学习。

图书在版编目(CIP)数据

石膏切面像/陈戈弋，刘晓晶著 .-- 北京 ：金盾出版社，2013.4（2014.1重印）
（中学生素描技巧入门）
ISBN 978-7-5082-8184-1

Ⅰ.①石… Ⅱ.①陈…②刘… Ⅲ.①石膏像—素描技法—中学—教学参考资料 Ⅳ.①G634.955.3

中国版本图书馆CIP数据核字(2013)第 041134 号

金盾出版社出版、总发行

北京太平路5号(地铁万寿路站往南)
邮政编码：100036 电话：68214039 83219215
传真：68276683 网址：www.jdcbs.cn
北京印刷一厂印刷、装订
各地新华书店经销
开本：889×1194 1/16 印张：4
2014 年 1 月第 1 版第 2 次印刷
印数：6 001~10 000册 定价：13.00元

前　言

在附中教学时经常有学生会问到我：“老师，我们现在画的东西有用吗？”这样的问题往往使我陷入一种对当今素质教学与应试教学如何权衡的思考之中。

纵观每年的艺考大军，浩浩荡荡。但是，只有其中的部分佼佼者能够披荆斩棘，顺利过关。我必须承认在这部分考生之中存在运气好的幸运儿，但我也坚持认为绝大多数过关者的成功是通过“冰冻三尺”的练习而获得的。在如今鱼龙混杂的美术培训大潮里，有些学生迫于升学压力不得不采取“速成”的办法。然而这样的“快餐式培训”结果直接导致学生未来艺术发展的畸形，即使考上了大学也没有立足之地。因为重视应试科目训练，忽视基本功练习，这就好像没打好地基的高楼，看似高大巍峨，实则不堪一击。本人经过多年的美术教学得出的结论是，通过系统训练的学生考取美院或好成绩的几率更大，同时也为他们铺设了未来艺术道路的坚实路基。在所谓“系统训练”中，石膏像练习占据重要地位，可以说起着承前启后的作用。

本书所涉内容是石膏像练习的其中之一——石膏切面像。切面像是在石膏像原型的基础上经过提炼得到的一种美术教具，单就其本质而言并不是出于艺术审美的角度制作的。但是，它的作用的确不容小觑，个人认为，切面像在几何体与石膏像之间架起了一座桥，引导学生从简单的几何形体进入到面与面碰撞的复杂空间，并使他们不致迷失在唯美的石膏像雕塑中。

目　录

练习石膏切面像的作用……………………………………1
练习石膏切面像应注意的问题……………………………2
耳朵的步骤………………………………………………8
鼻子的步骤……………………………………………13
嘴的步骤………………………………………………18
眼睛的步骤……………………………………………23
贝多芬切面像…………………………………………28
阿古利巴切面像………………………………………34
亚历山大切面像………………………………………40
农民切面像……………………………………………46
中国人切面像(侧面)…………………………………51
作品欣赏………………………………………………56

练习石膏切面像的作用

石膏切面像是对石膏像进行艺术概括后得出的由面与面穿插、对接的体块石膏像。

经过提炼后的切面像所剩下的是最直接的块面，掌握这些块面结构的组合关系是为石膏像和人物头像打下对体积的认识基础。只有在头脑中形成空间体积概念，才能更好的进行下一步的训练。(图1)

(图1)

练习石膏切面像应注意的问题

一、画面的构图

什么是构图?

所谓构图，就是布局、安排所画切面像的位置与大小。切面像的构图虽不复杂，但作画时若忽略了它的重要性，则会给最终的画面效果留下遗憾。

（图2）构图过满，过大的主体会带给人压抑的感觉。

（图3）构图过小，主体太小得不到突出，从而影响画面效果。

（图4）构图偏于一侧，主体向一侧偏时会把画面的平衡感破坏掉，给观者带来不稳定的心理感受。

（图5）构图过于偏上或偏下，恰当的偏上或偏下会给人以不同的感受，但过偏时会影响画面效果。

二、石膏切面像的透视

切面像的透视与几何体的透视相同，常用的透视为平行透视、成角透视以及倾斜透视。

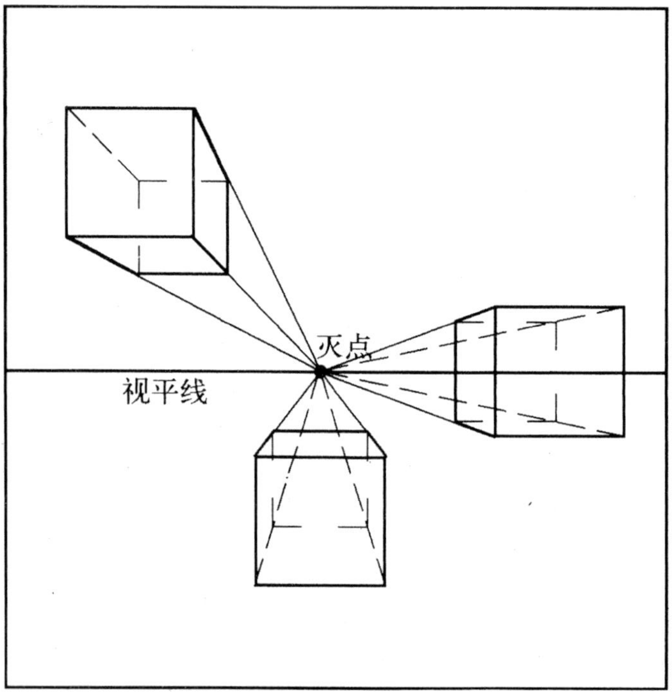

（图6）平行透视，也叫一点透视。顾名思义，在视平线上只有一个灭点，也就是消失点的透视现象，称为平行透视。

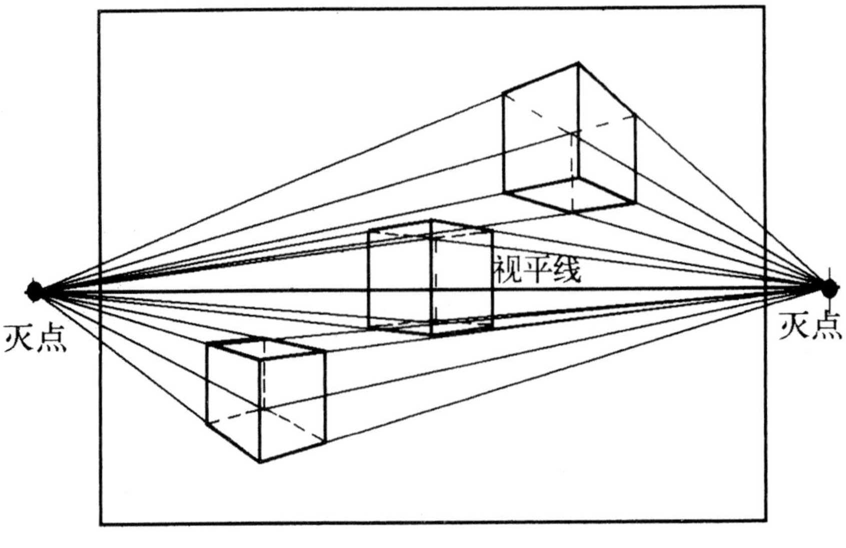

（图7）成角透视，也称为两点透视，在视平线上有两个灭点。

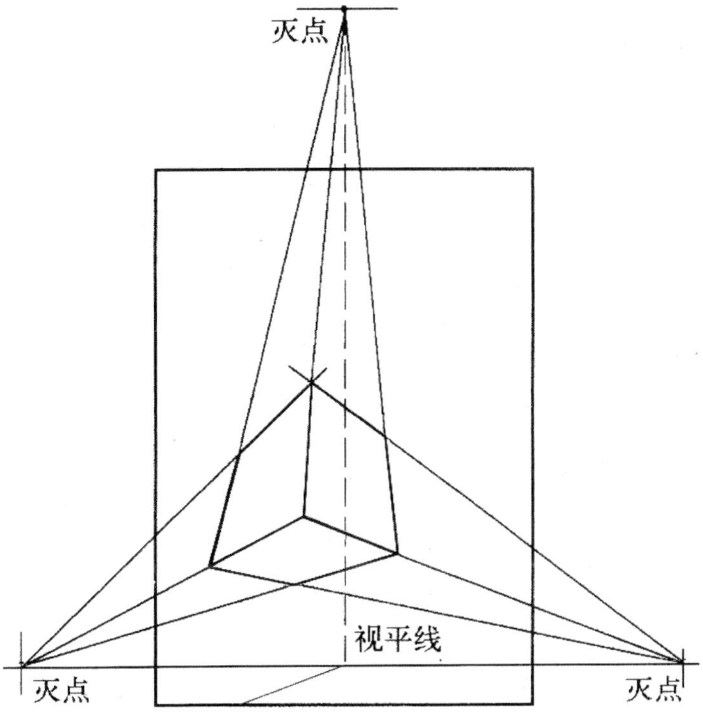

（图8）倾斜透视，又叫多点透视，简单的理解即是，较成角透视相比多了一个上下方向的灭点，这种透视多为表现大仰视或大俯视的视觉效果。

（图9）正确的切面像透视应遵循近大远小的原则。

三、调子会说话

调子自身的排列方式能够体现出形体的结构。

（图10）两头虚、中间实的排线。这种线条有弹性，便于修改和深入。

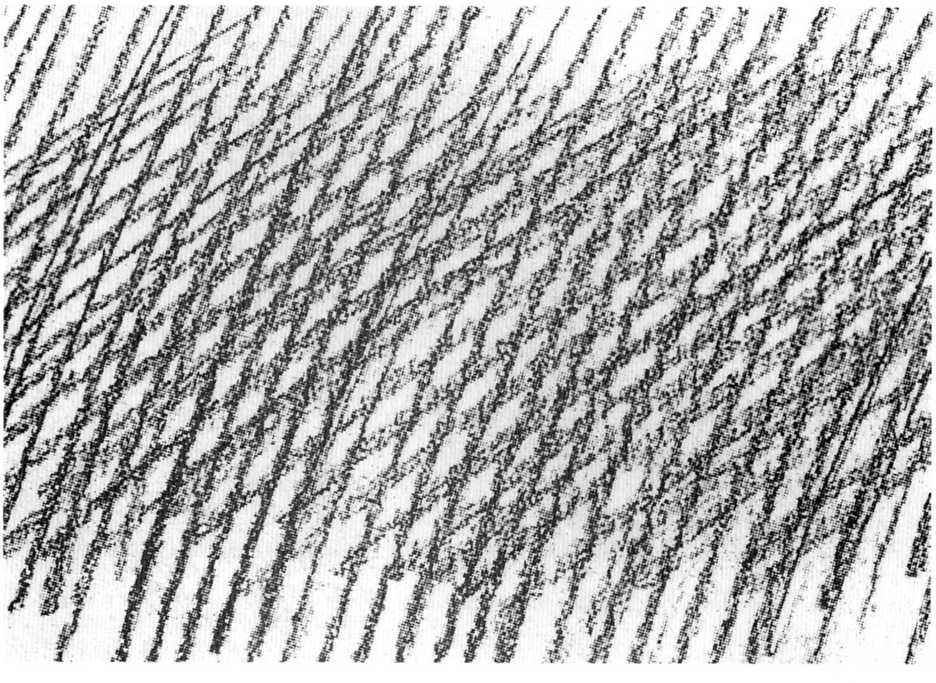

（图11）排调子的方式。

（图12）圆排线。

（图13）不同方向的秩序排线能够表现形体结构的转折。

耳朵的步骤

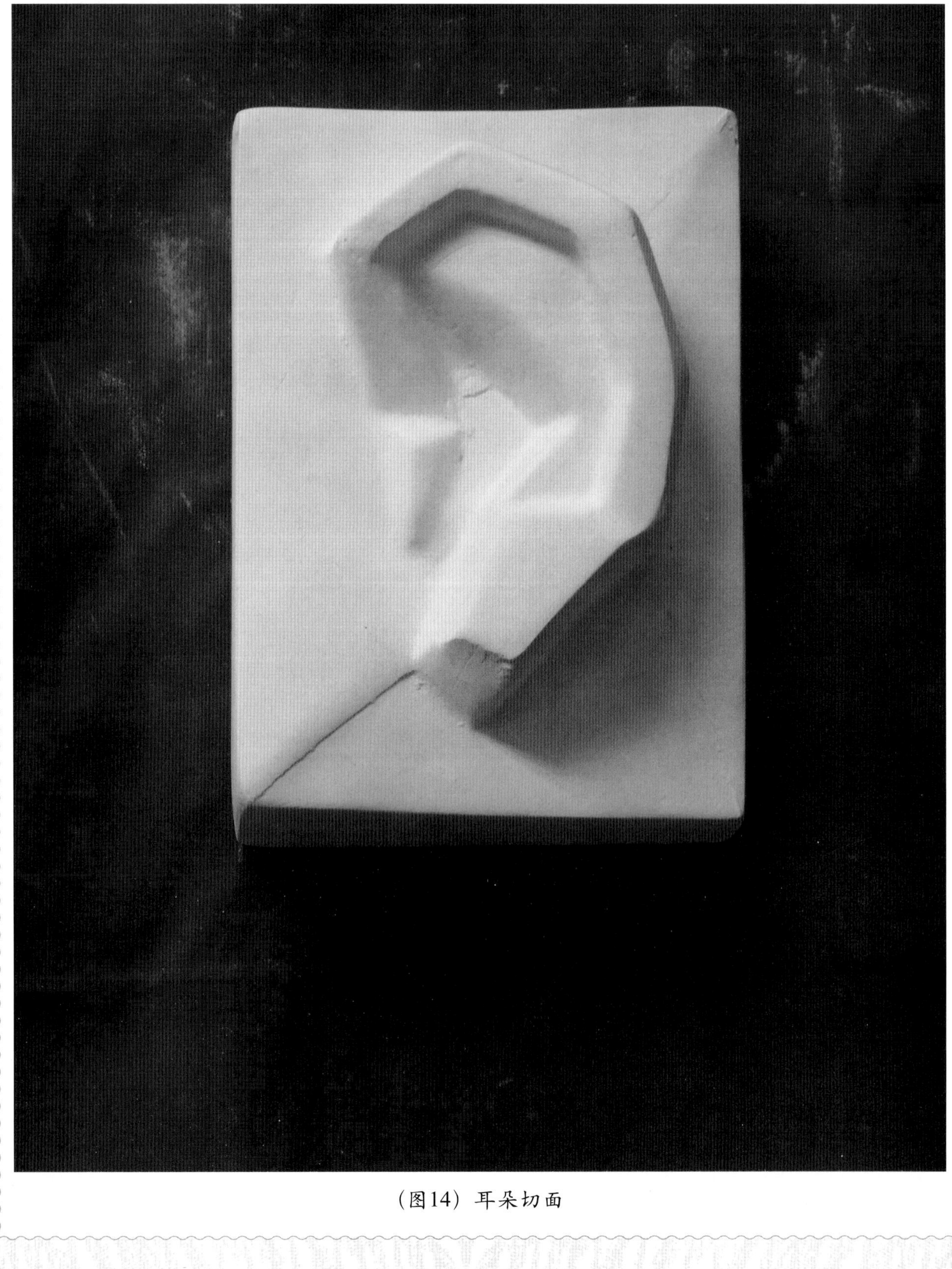

（图14）耳朵切面

（图15）第一步，画出切面整体的高和宽，并画出耳朵的大致形状。

（图16）第二步，将切面底座的其他两个面画出来，耳朵大型进一步刻画，画投影时注意轻重虚实的关系。

（图17）第三步，画出耳朵的基本体面，画时依从大面到小面的顺序进行。

（图18）第四步，画出耳朵所有面的穿插关系，注意明暗交界线与其他线的差别。

（图19）第五步，先用一遍调子统一暗部，然后，围绕明暗交界线进行刻画，刻画时要多比较色调的差异。

（图20）画亮部的灰调子时要随形体结构排线，会取得更好的效果，适当刻画石膏转折处的磨损会带来更加生动的质感。

鼻子的步骤

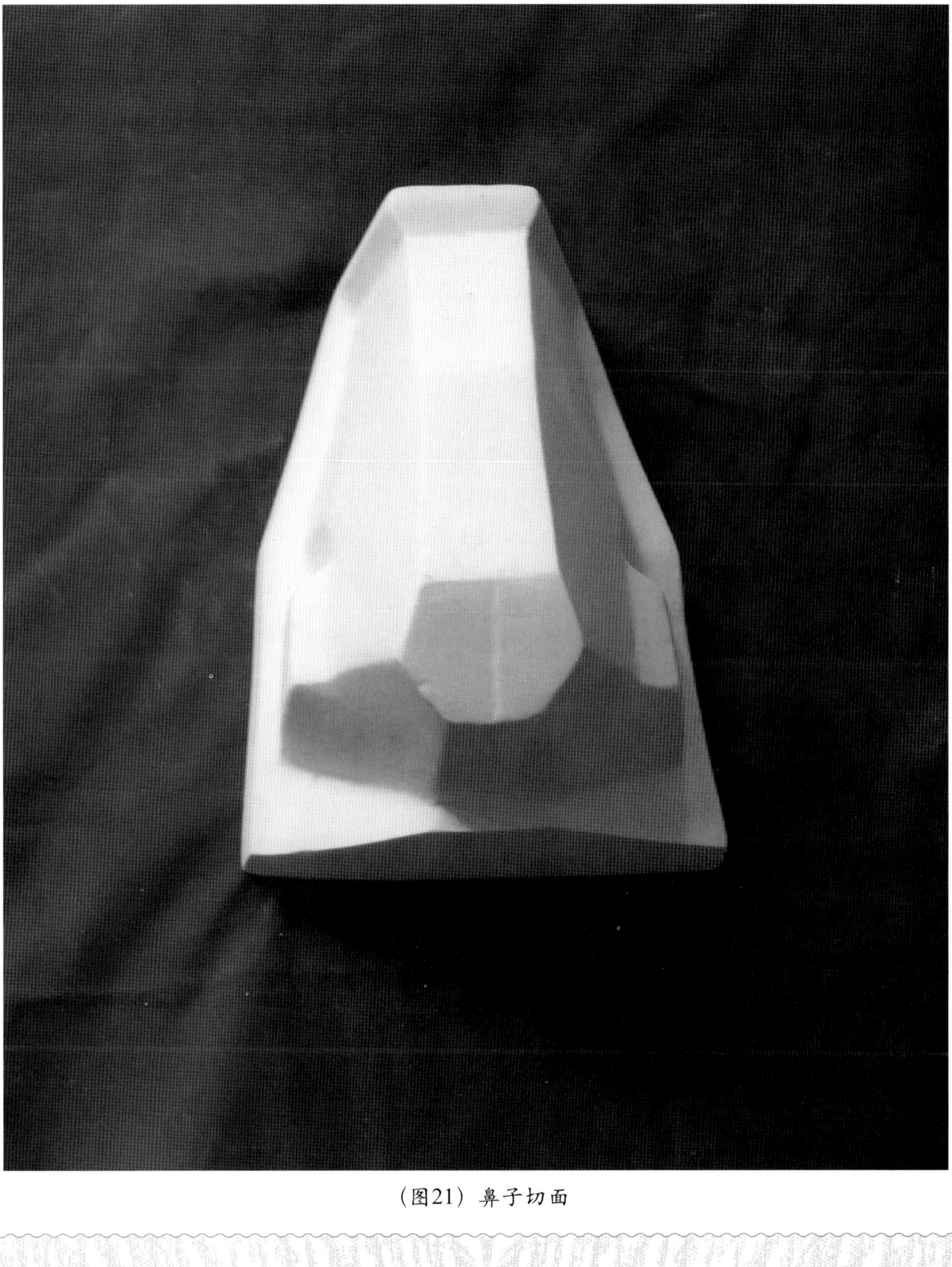

（图21）鼻子切面

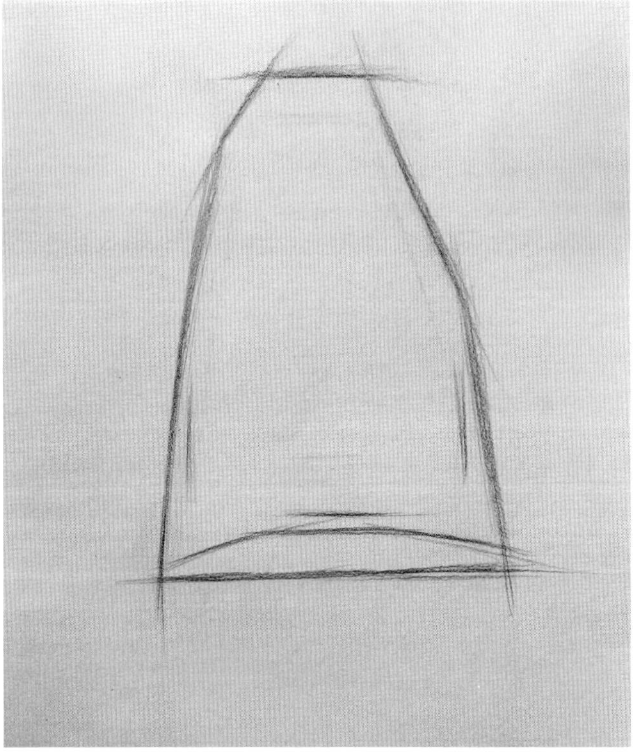

（图22）第一步，定好鼻子的大型，注意比例，画出底座的底面和鼻头位置大小。

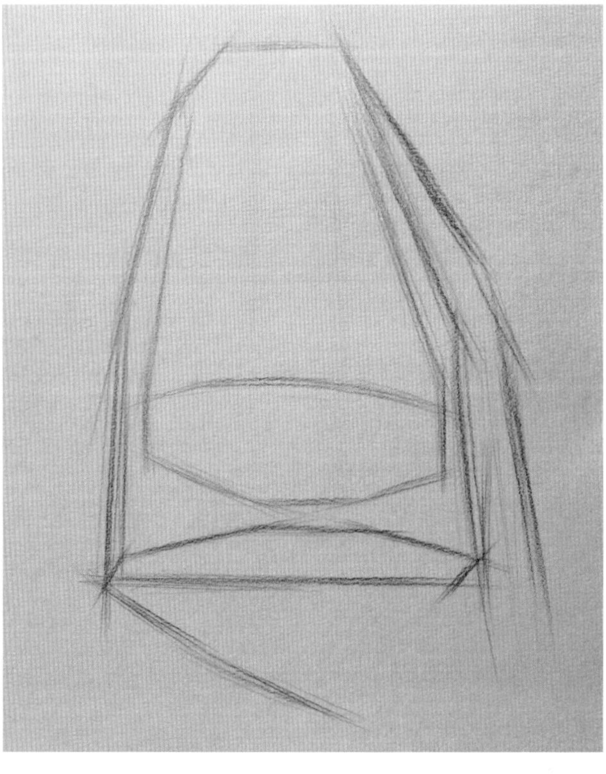

（图23）第二步，进一步完善底座的体面，用一条线分开鼻底与上面，同时画出投影。

（图24）第三步，将鼻子的四大面画出来。

（图25）第四步，把剩下的面画出来。

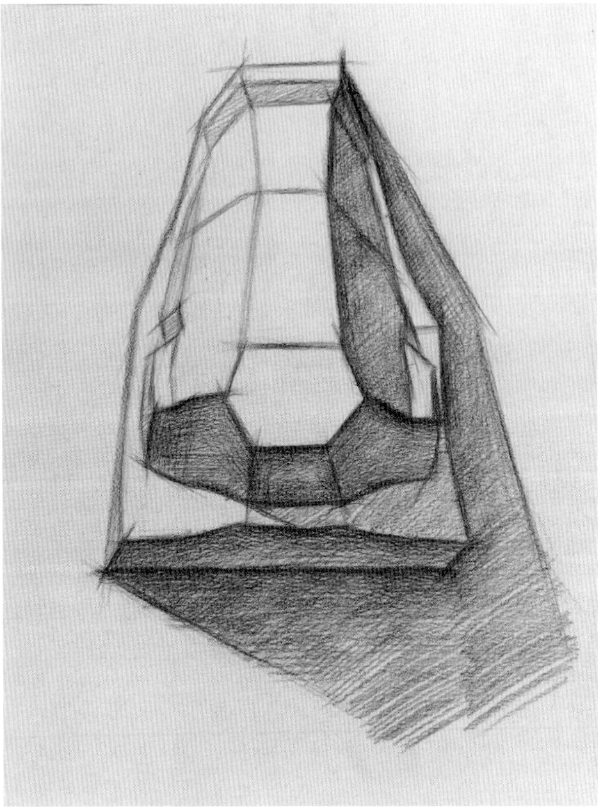

（图26）第五步，第一遍调子的方向保持一致，可以防止效果凌乱。

（图27）完成图

嘴的步骤

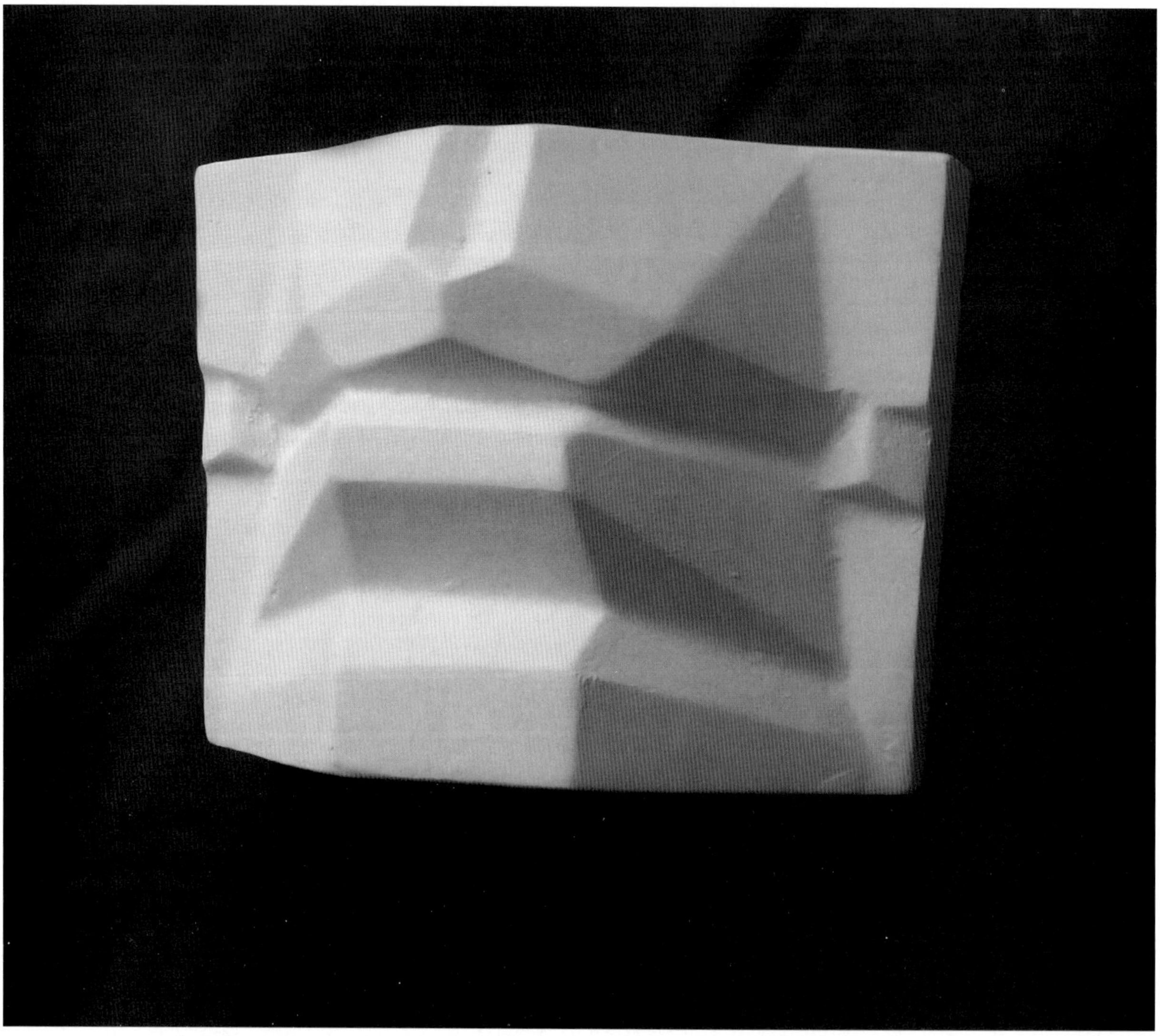

（图28）嘴的切面

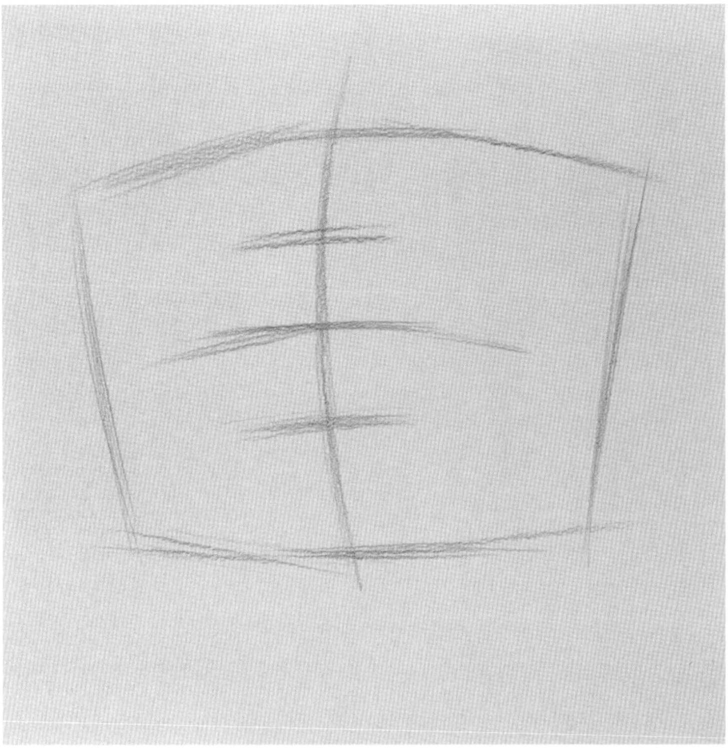

（图29）第一步，画好轮廓后定出嘴的位置与中轴线，注意中轴线的位置应随透视变化而变化，并且要根据形体的起伏决定中轴线的弯曲程度。

（图30）第二步，将底座的另一个面和投影画出来，把嘴唇的大型概括地画好。

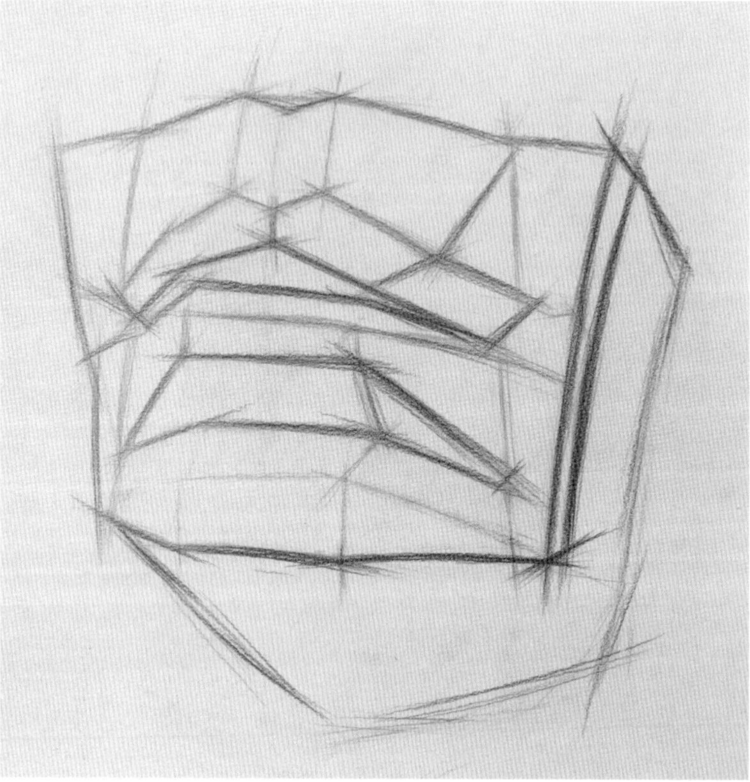

（图31）第三步，完善各面。

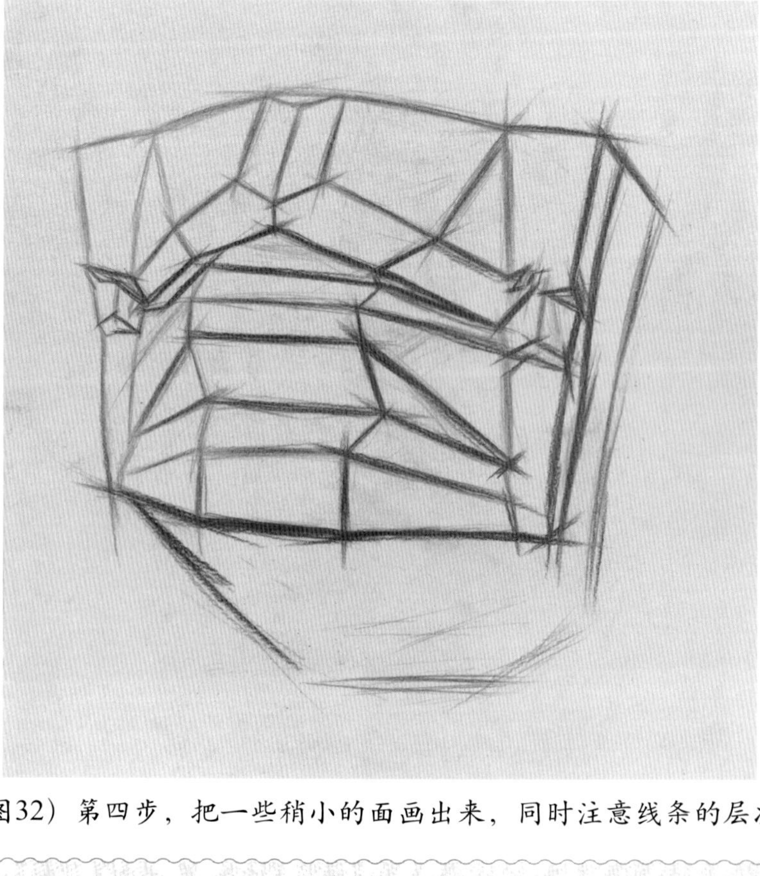

（图32）第四步，把一些稍小的面画出来，同时注意线条的层次。

（图33）第五步，开始上调子，光源的方向一定要统一，才能使画面看上去整体而不琐碎。

（图34）完成图

眼睛的步骤

（图35）眼睛切面

（图36）第一步，画出底座的加大面后定好眼睛的位置。

（图37）第二步，将稍大些的面画出来。

（图38）第三步，逐渐添画稍小些的面。

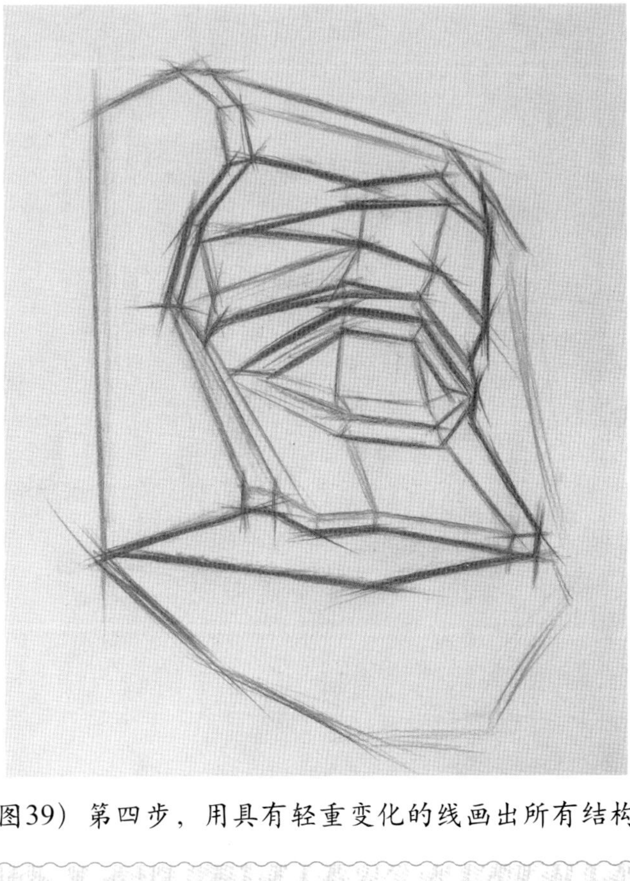

（图39）第四步，用具有轻重变化的线画出所有结构。

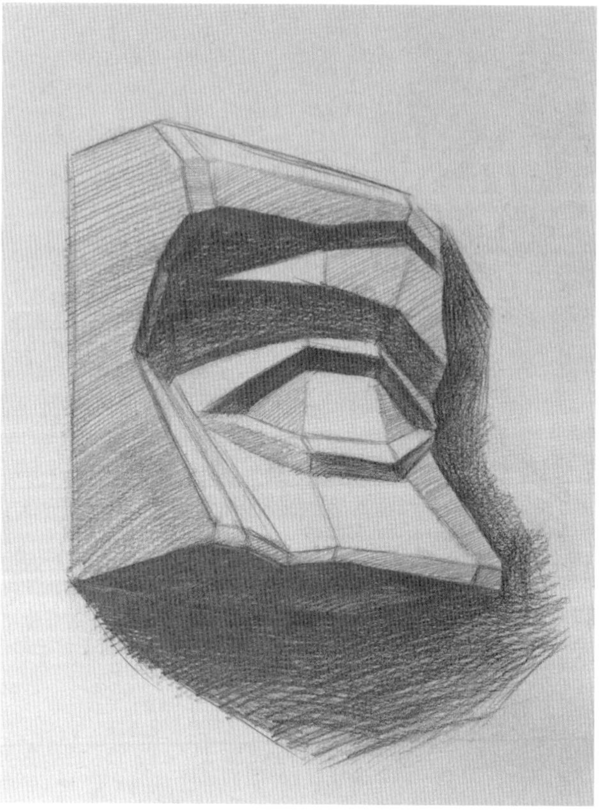

（图40）第五步，上调子的方法与前面的切面相同，在深入刻画时要更加认真地观察比较，因为眼睛的体面较多，若暗部调子的深浅画得差异过大，则会产生琐碎的效果。

（图41）完成图

贝多芬切面像

(图42)贝多芬像

贝多芬简介

路德维希·凡·贝多芬(1770.12.17—1827.3.26)

德国作曲家。父亲从小就逼迫他学琴。他13岁任宫廷乐队大键琴手，14岁任宫廷管风琴师，18岁任歌剧乐队中提琴手。1792年，海顿见到他，获准成为其学生。1795年首次在维也纳以作曲家及钢琴家身份登台。1798-1800年除教授钢琴外，埋头作曲。1800年4月举行作品音乐会，确立了作曲家的地位。此时，他的听力逐渐衰退。因耳聋的恐惧和失恋，1802年欲自杀。贝多芬终于克服危机，振奋精神，继续作曲。此后10余年经历了思想和生活的激烈动荡(拿破伦称帝、数次失恋等)。至1819年完全失聪，仍以顽强的毅力写下了第三至第八交响曲，第四、第五钢琴协奏曲等作品，反映出动荡不安和矛盾冲突。

晚年生活仍多不幸，虽然疾病缠身，经济困难，但仍写出庄严弥撒曲、第九交响曲等杰作。

（图43）贝多芬切面像

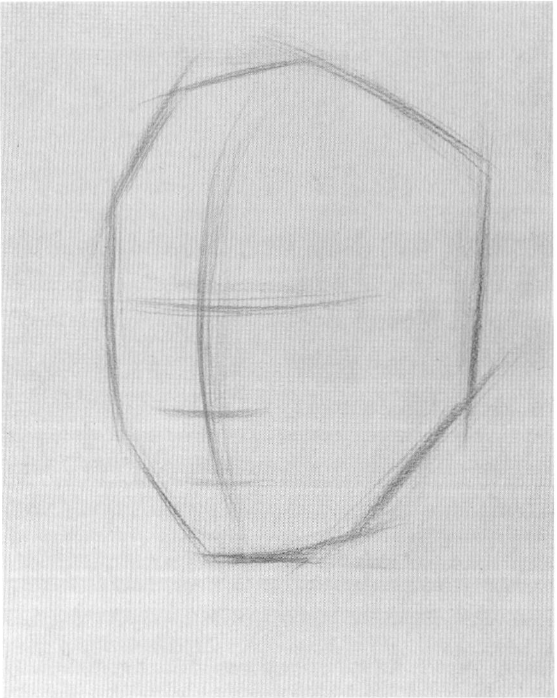

（图44）第一步，概括地画出轮廓，定中轴线以及三庭的比例。在这里简单介绍一下三庭的划分：第一庭是从发际线到眉毛；第二庭是从眉毛到鼻底；第三庭则是从鼻底至下颏。

（图45）第二步，画出石膏像正面与侧面的转折线，并把眉弓、鼻子和嘴的高、宽定好。

（图46）第三步，将上一步画出的大体面画得更具体。

（图47）第四步，由大面到小面，直到所有体面都画完。

（图48）第五步，上调子，注意第一遍调子一定要带上投影,因为投影是暗部系统的一个重要部分。

（图49）完成图

阿古利巴切面像

（图50）阿古利巴像

阿古利巴像，原作为大理石头像，约创作于公元前一世纪后半期。

古代罗马艺术和古代希腊的雕塑十分相近，但又有区别。罗马的艺术不像希腊的艺术那么富于浪漫情趣和理想化的美，而是趋向写实。尤其在雕刻艺术上，这种区别更加明显。罗马帝国的政治经济权利大都集中于贵族手中，他们要求艺术表现他们自己个人的权威，并为他们歌功颂德，树碑立传，所以当时罗马的大量雕塑作品都是为王公贵族服务的。这一类雕塑作品大多具有写实的面容和夸大的“威严”外表，形象处理上则着重于刻画人物的性格特征。这尊《阿古利巴像》就是其中优秀的代表作之一。

阿古利巴（约公元前63--公元前12年）是罗马皇帝奥古斯都的密友、女婿和参谋，出身于贫民，是一个意志坚定、精力旺盛并且屡立战功的军人。在这尊雕像中，阿古利巴面容严峻威严，突出的眉弓和深陷的眼睛表现出政治家的坚定和深谋远虑；宽大的鼻梁、饱满的鼻子和充满肉感的嘴唇，又显示出他豪爽、放荡和傲慢的个性；他那厚实的下巴、宽阔的双耳以及脖颈上发达的肌肉，则充满了不可征服的粗犷和勇猛的力量。雕像以一种写实的手法刻画了这位身居高位的军人，面容丝毫没有被美化，充满了世俗感，甚至脸上那些不匀称肌肉的细微起伏变化，都被精确而生动地表现了出来。这件作品充分体现了罗马雕像的艺术特点，面容特征细腻逼真，性格特点生动自然，是现存古罗马雕塑中不可多得的艺术珍品。

（图51）阿古利巴切面像

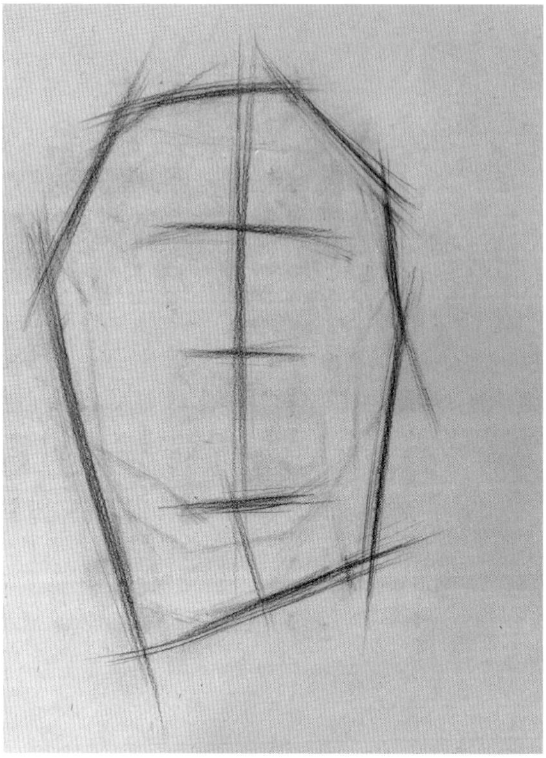

（图52）第一步，概括地画出轮廓以及头、颈、三庭的比例，并利用中轴线确定头与颈的动势。

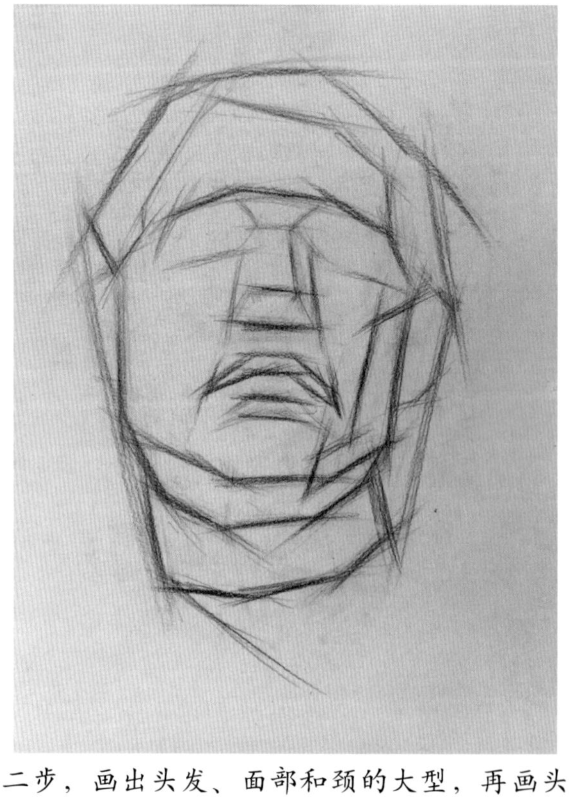

（图53）第二步，画出头发、面部和颈的大型，再画头部正面与侧面、正面与底面的明暗交界线以及五官的大型。

（图54）第三步，进一步刻画各部位的大体面。

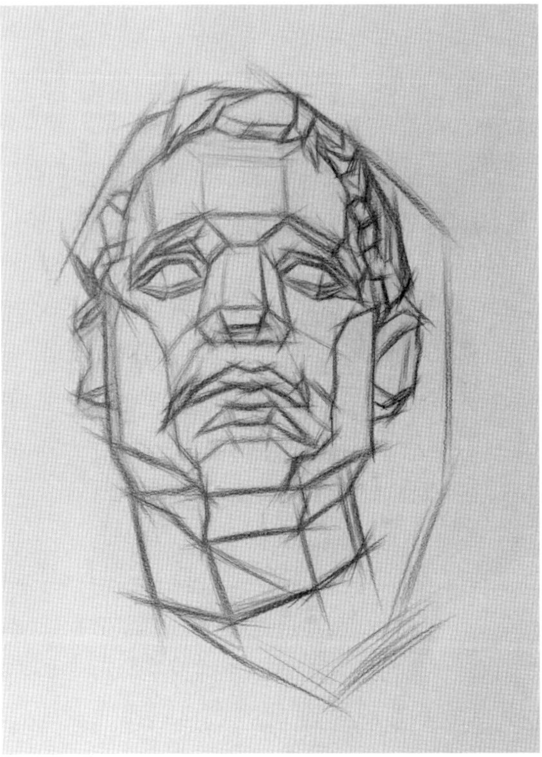

（图55）第四步，整个切面像的体面结构画好，注意明暗交界线与其他线的轻重虚实差异。

（图56）第五步，上调子，统一光影。

（图57）完成图

亚历山大切面像

（图58）亚历山大像

亚历山大（公元前356—公元前323），古代马其顿国王，世界古代史上著名的军事家和政治家，欧洲历史上最伟大的军事天才，马其顿帝国最负盛名的缔造者。他足智多谋，雄才伟略，骁勇善战，在统治马其顿王国的短短13年中，以其雄才大略，东征西伐，领军驰骋欧、亚、非三大陆，先是确立了在全希腊的统治地位，后又灭亡了波斯帝国，在横跨欧、亚、非的辽阔土地上，建立起一个西起希腊、马其顿，东到印度河流域上游，南临尼罗河第一瀑布，北至中亚的药杀水（今锡尔河）的以巴比伦为首都的庞大帝国。创下了前无古人的辉煌业绩，促进了东西方文化的交流和经济的发展，使古希腊的文明发扬远播，对人类社会的进展产生了重大影响。

（图59）亚历山大切面像

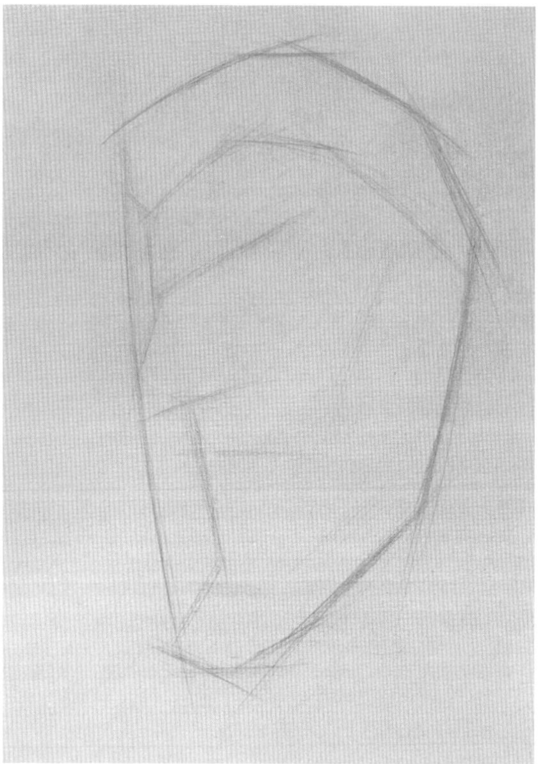

（图60）第一步，利用辅助线概括地画出大轮廓与三庭的比例，注意三庭的透视关系。

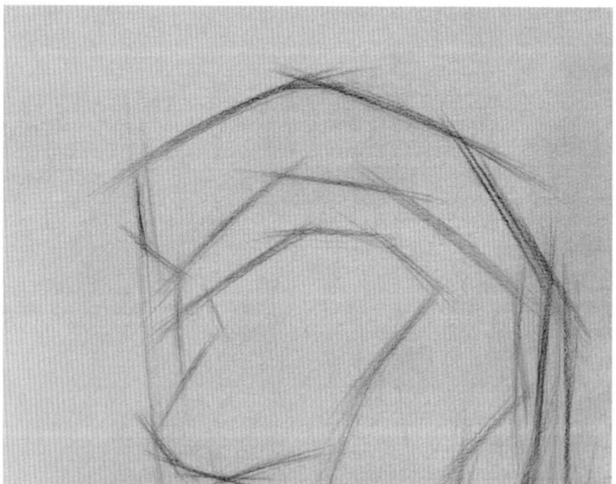

（图61）第二步，定好头发、面部与胡须的比例，画出面部正面与侧面的转折线。

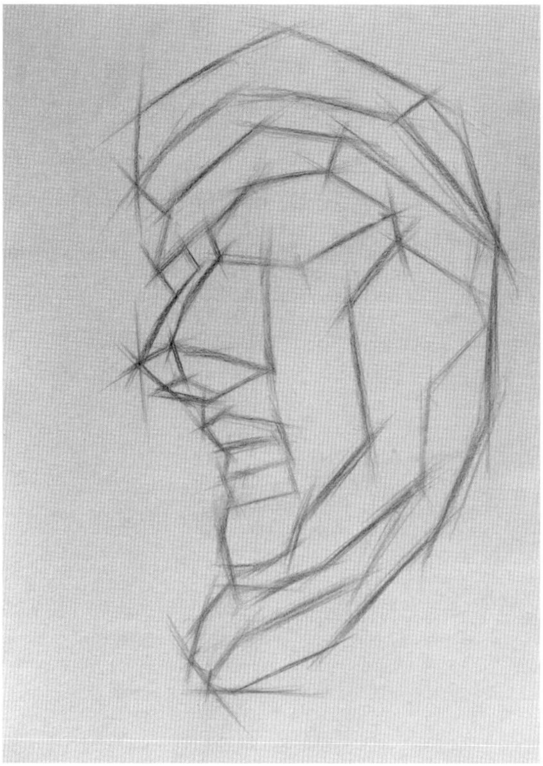

（图62）第三步，概括各部分的大体面，先不要关注小的体面转折。

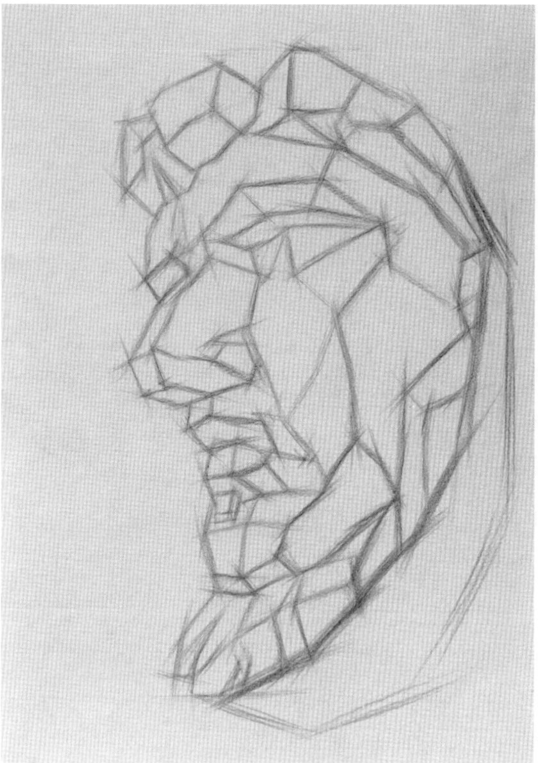

（图63）第四步，将小体面准确地画出来，并在线条的轻重上加以区分。

（图64）第五步，上调子，注意一切在明暗交界线到投影之间的部分都是暗部，上调子时不要丢三落四，顾此失彼。

（图65）完成图

农民切面像

（图66）农民切面像

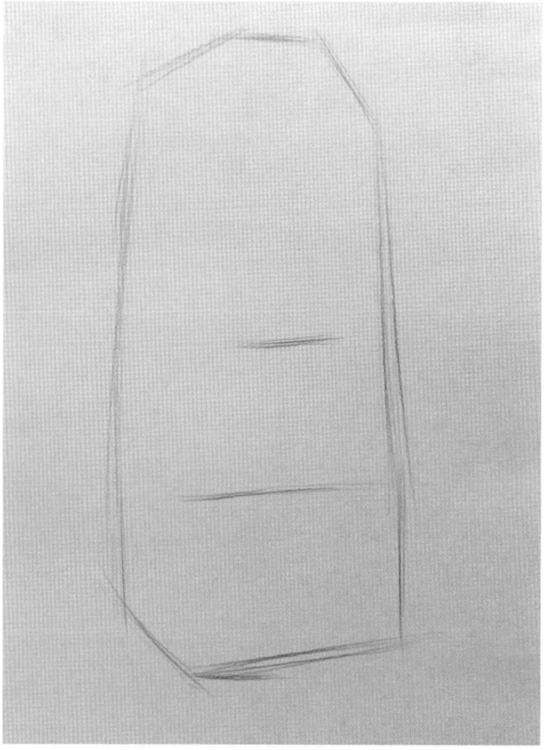

（图67）第一步，画出大轮廓，定出头、颈与底座的比例。

（图68）第二步，切画出头、颈、底座的基本形，接着画出大的体块，最后定好三庭比例和中轴线位置。

（图69）第三步，画出五官的基本形及大体面。

（图70）第四步，具体地画出各部位的体面构成关系，注意亮部用线和暗部用线的轻重虚实关系。

（图71）第五步，上调子，统一暗部。

（图72）完成图

中国人切面像(侧面)

（图73）中国人切面像（侧面）

（图74）第一步，画出切面像的大轮廓，定好头、颈与底座三部分的比例。

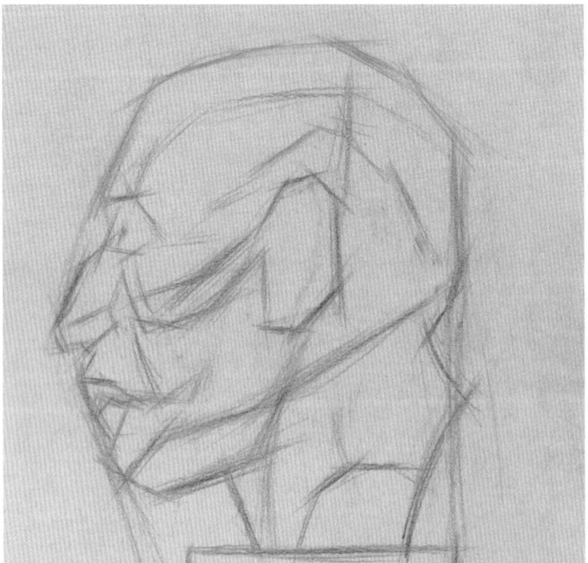

（图75）第二步，从大轮廓中进一步刻画出切面像的准确形状，利用轮廓找到五官的位置，并用辅助线检查修正。

（图76）第三步，画出各部位的大体块。

（图77）第四步，具体刻画每个部位的体面穿插关系，注意线的轻重差异。

（图78）第五步，上调子。

（图79）完成图

作品欣赏

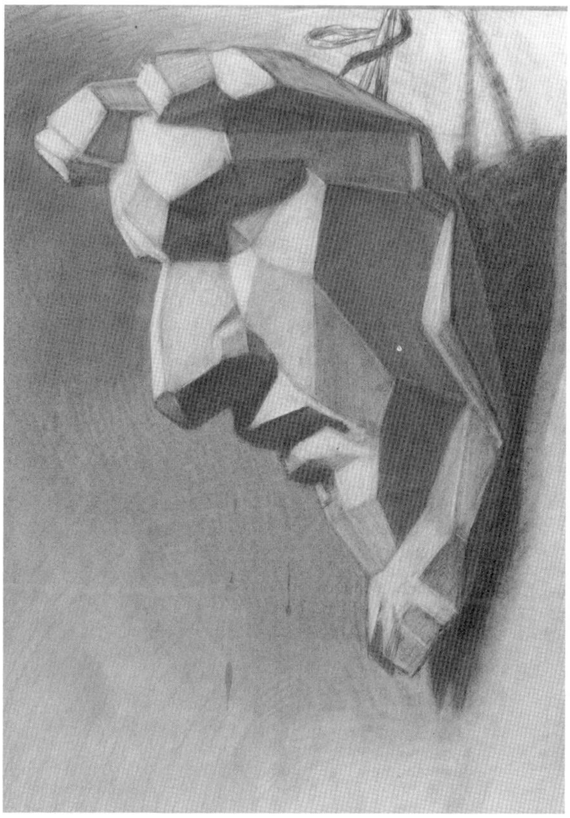